THIS BOOK BELONGS TO

____

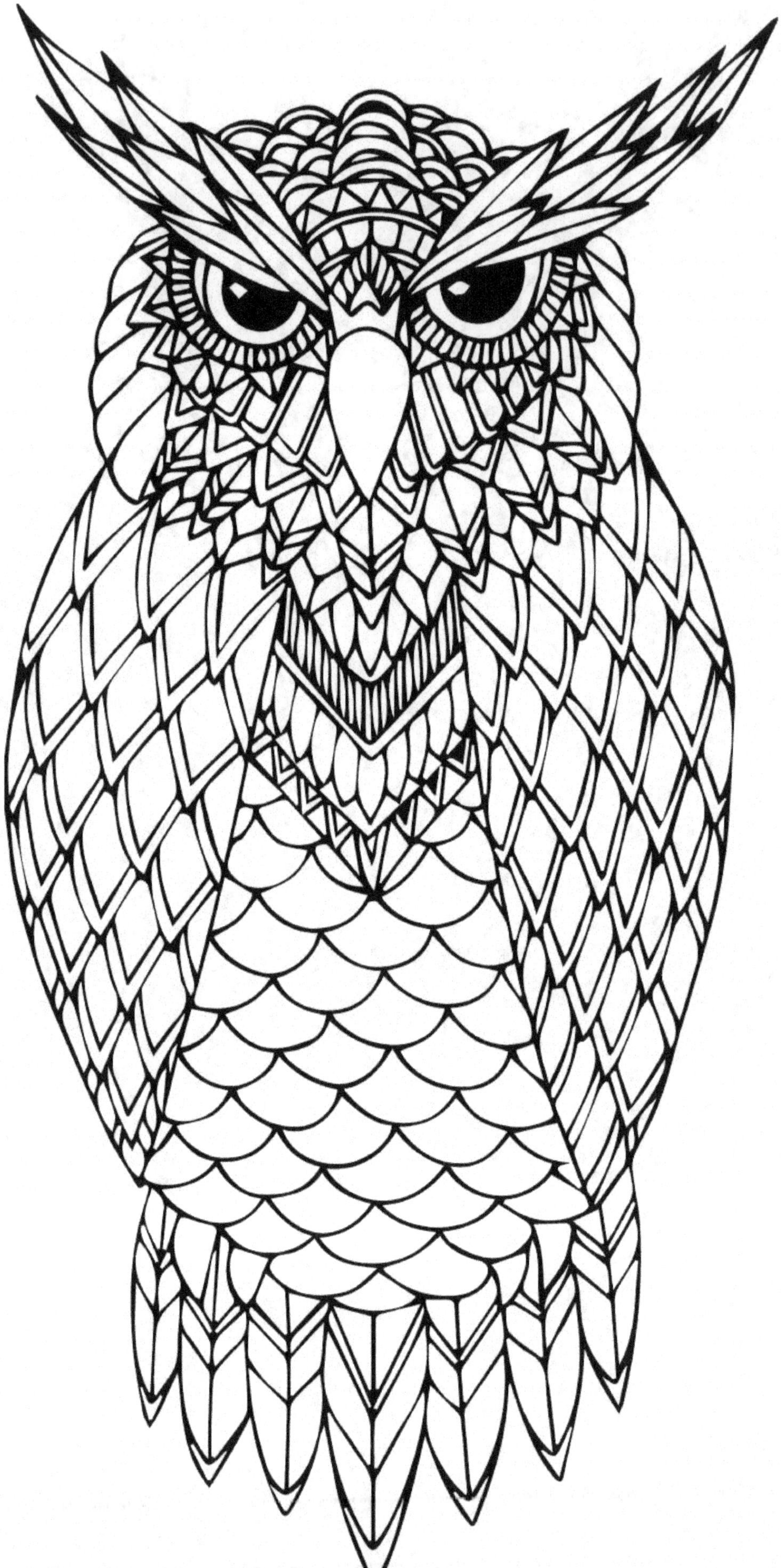

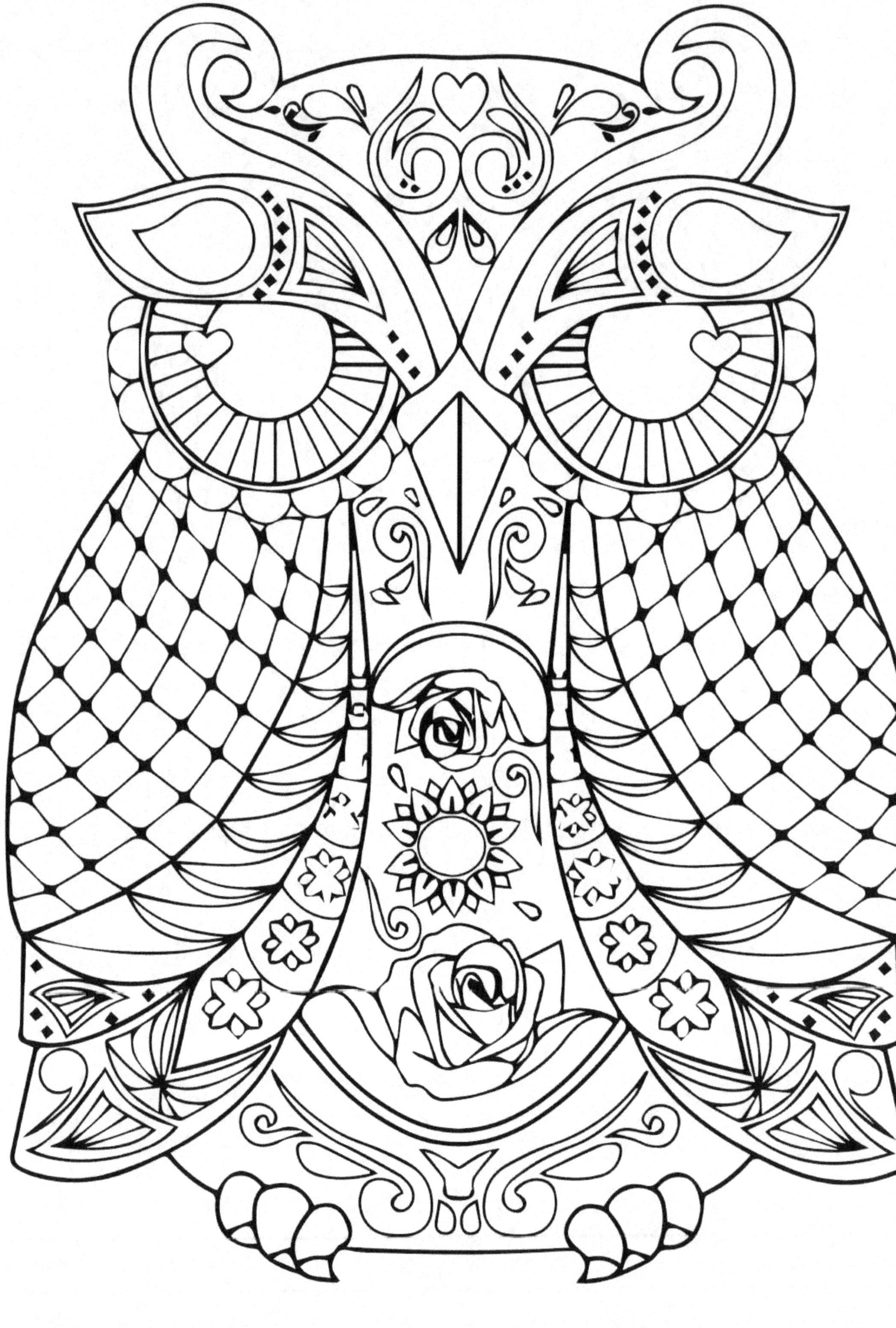

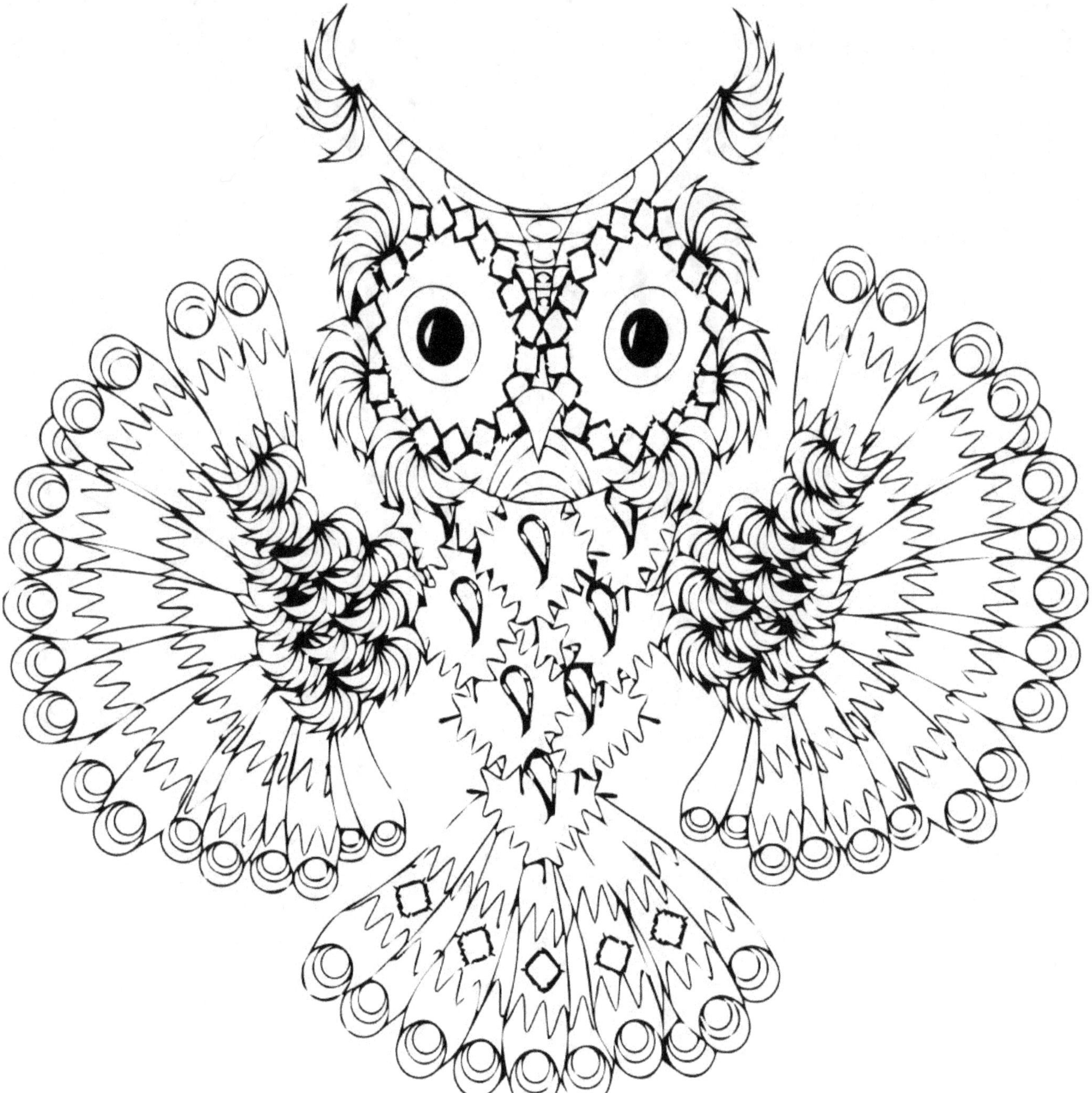

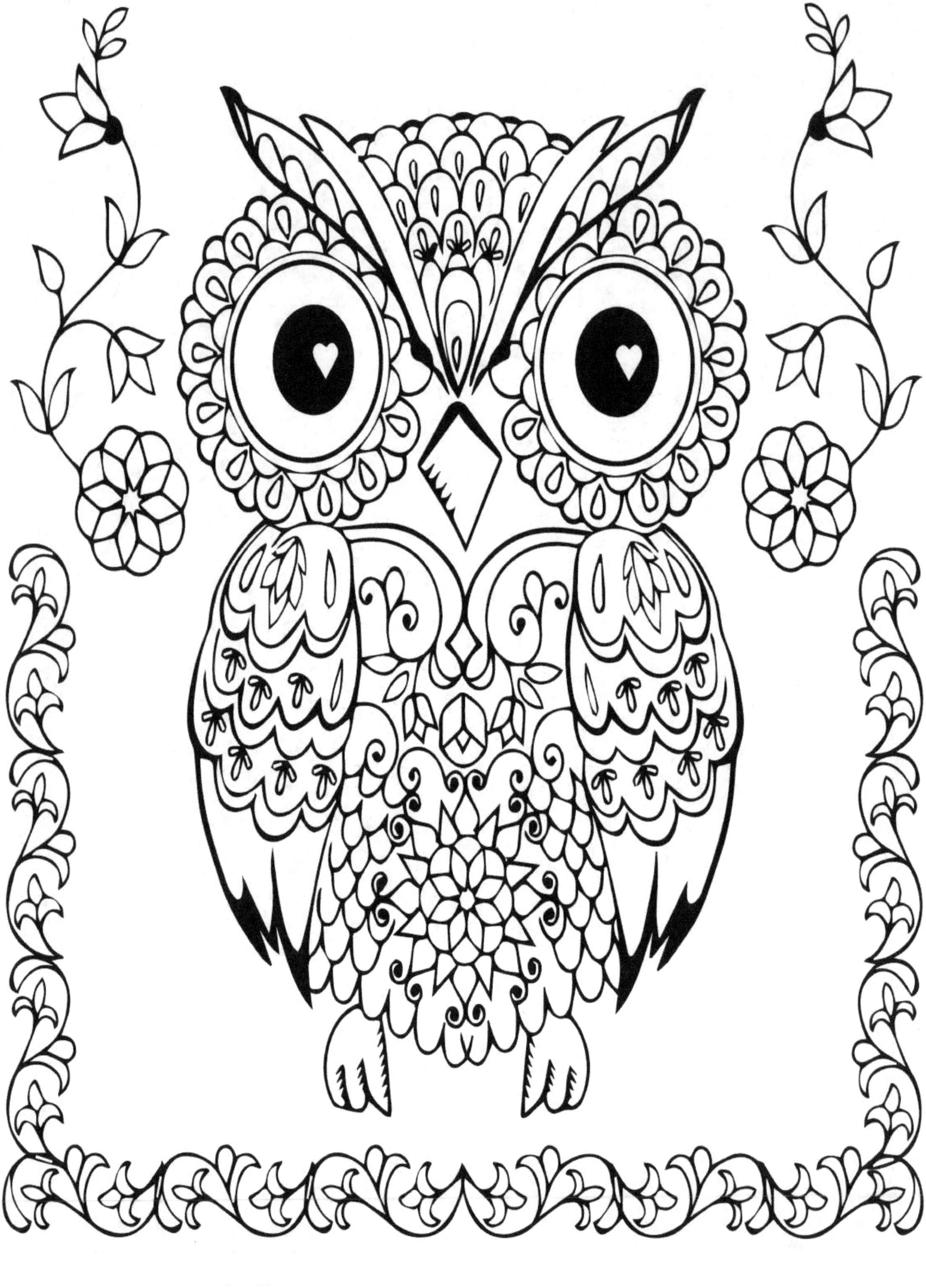

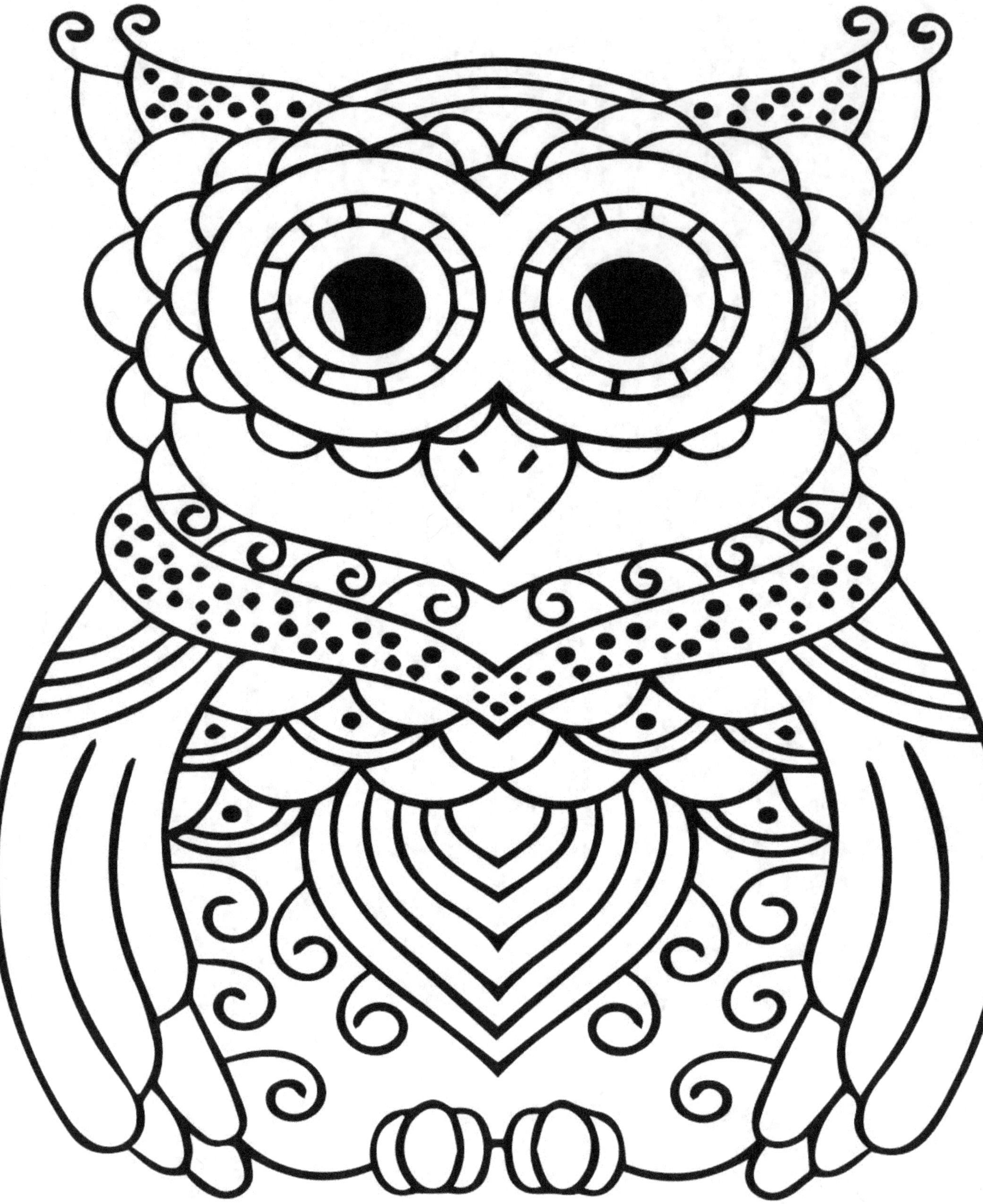

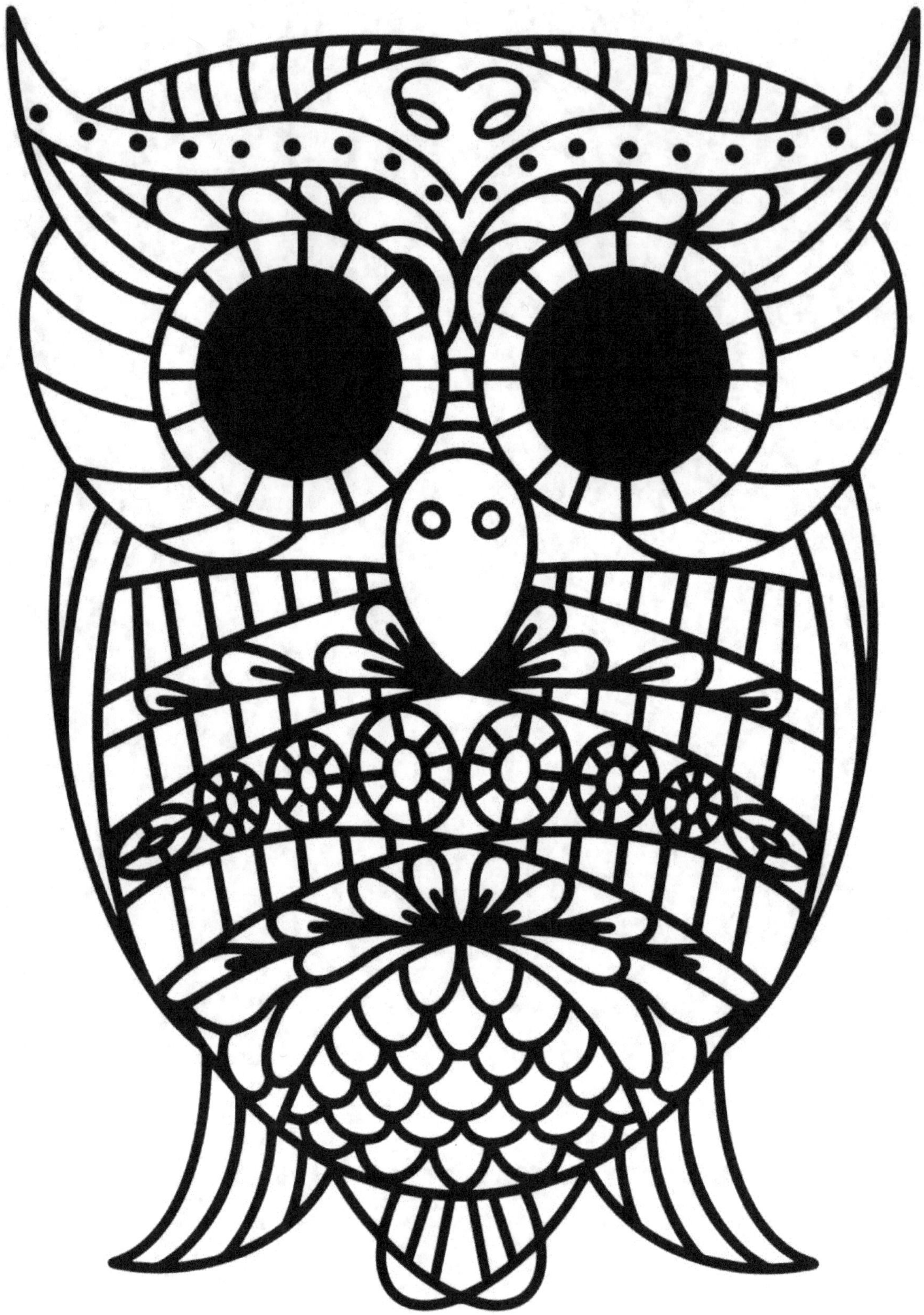

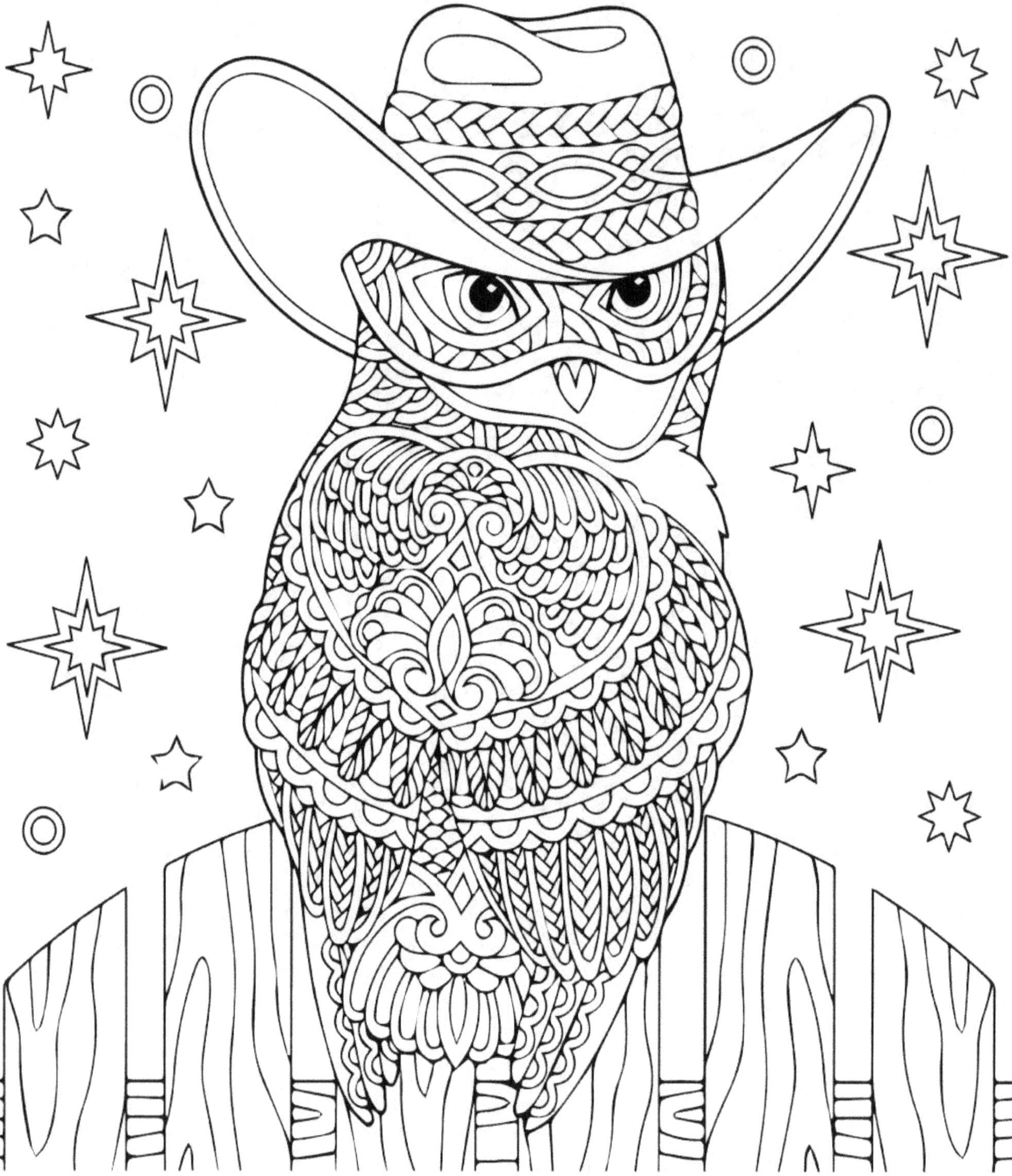

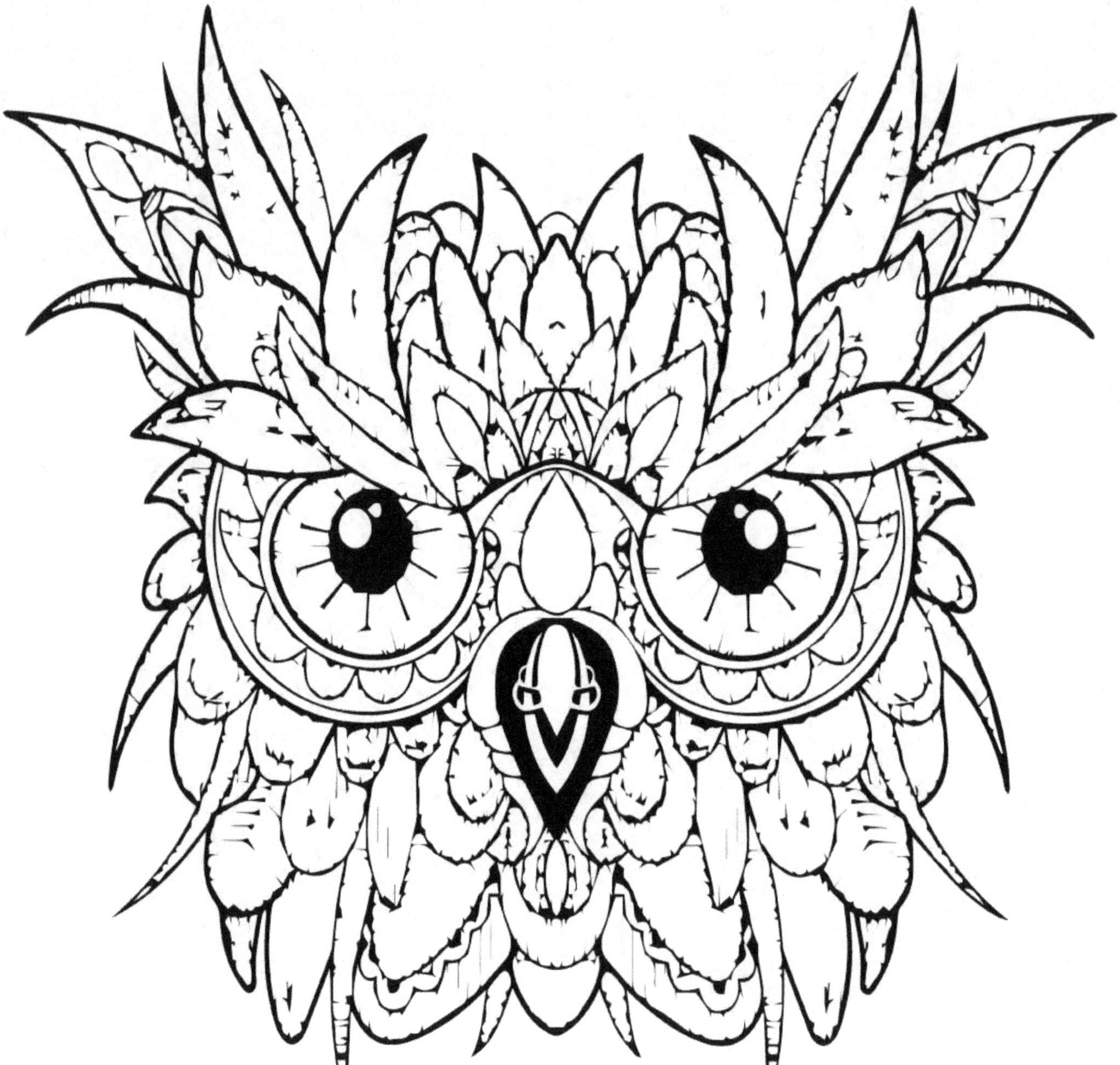

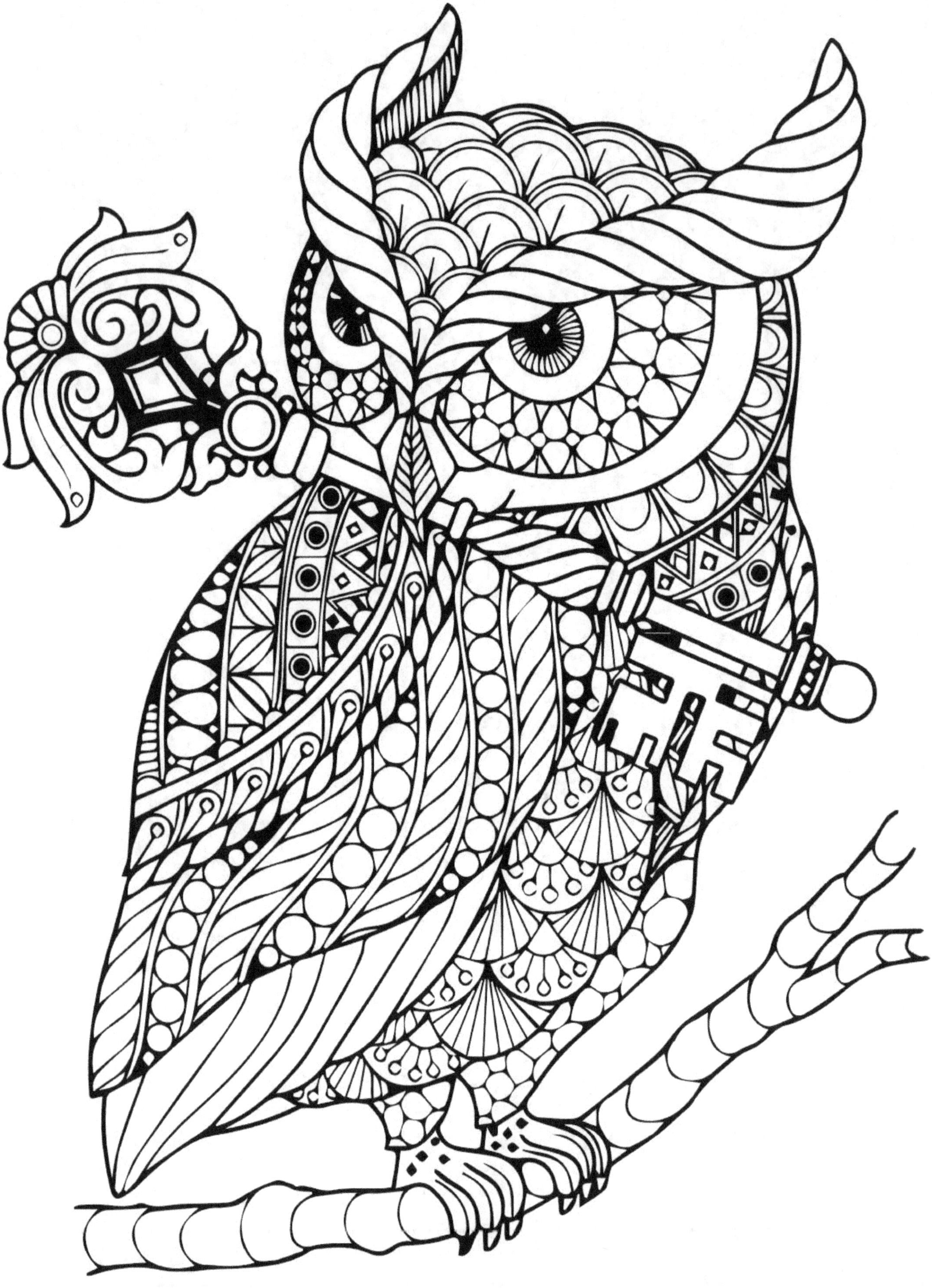

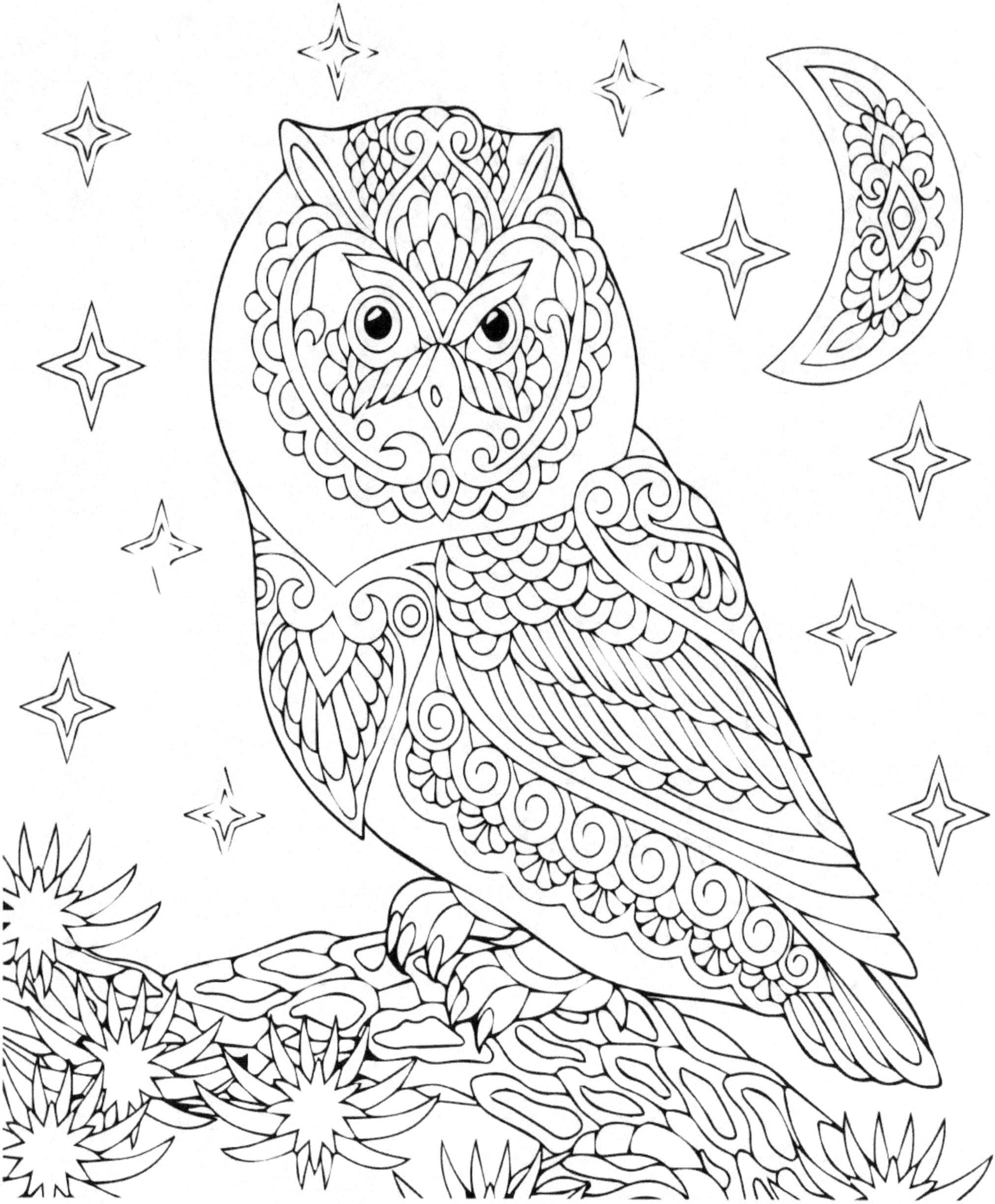

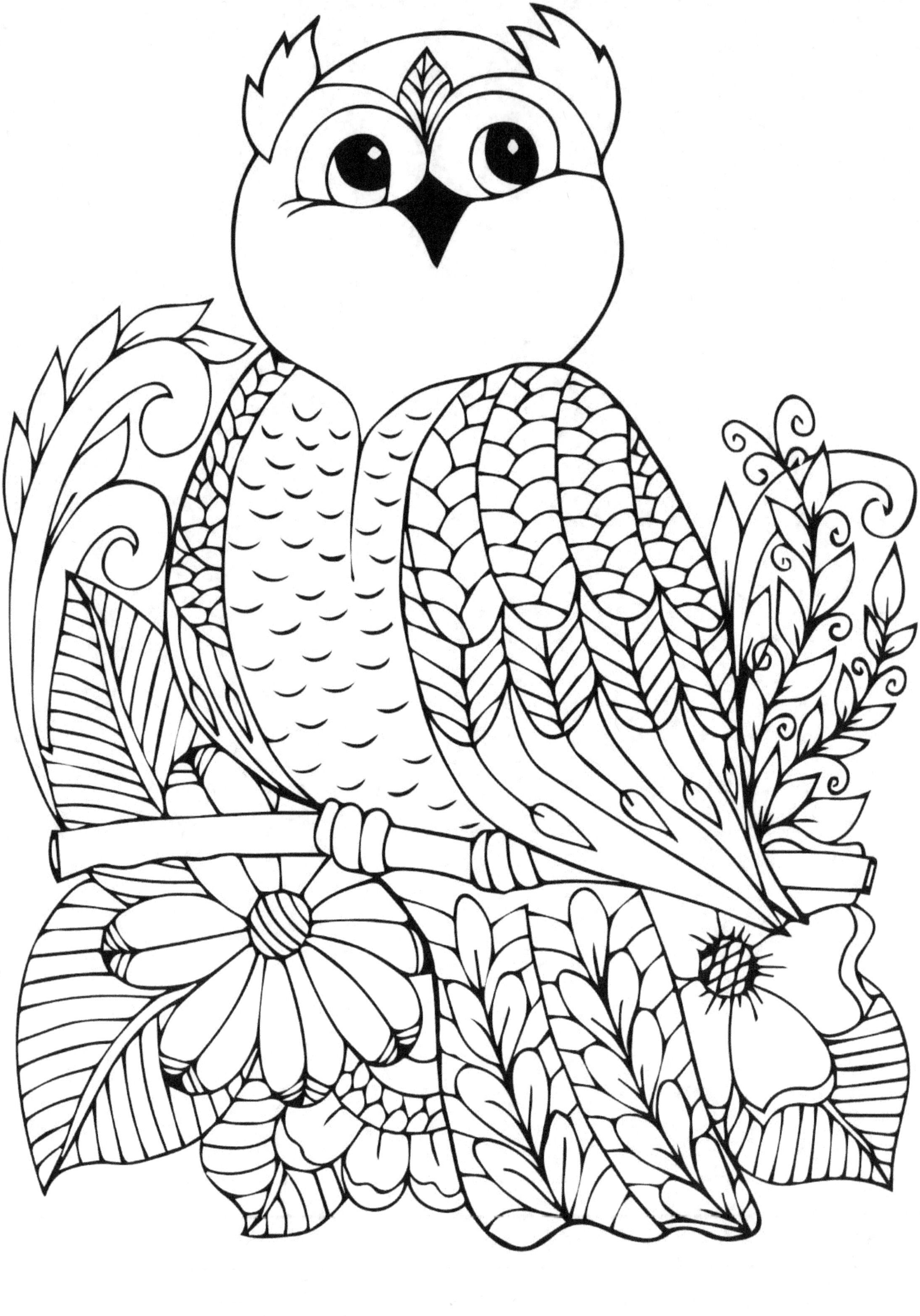

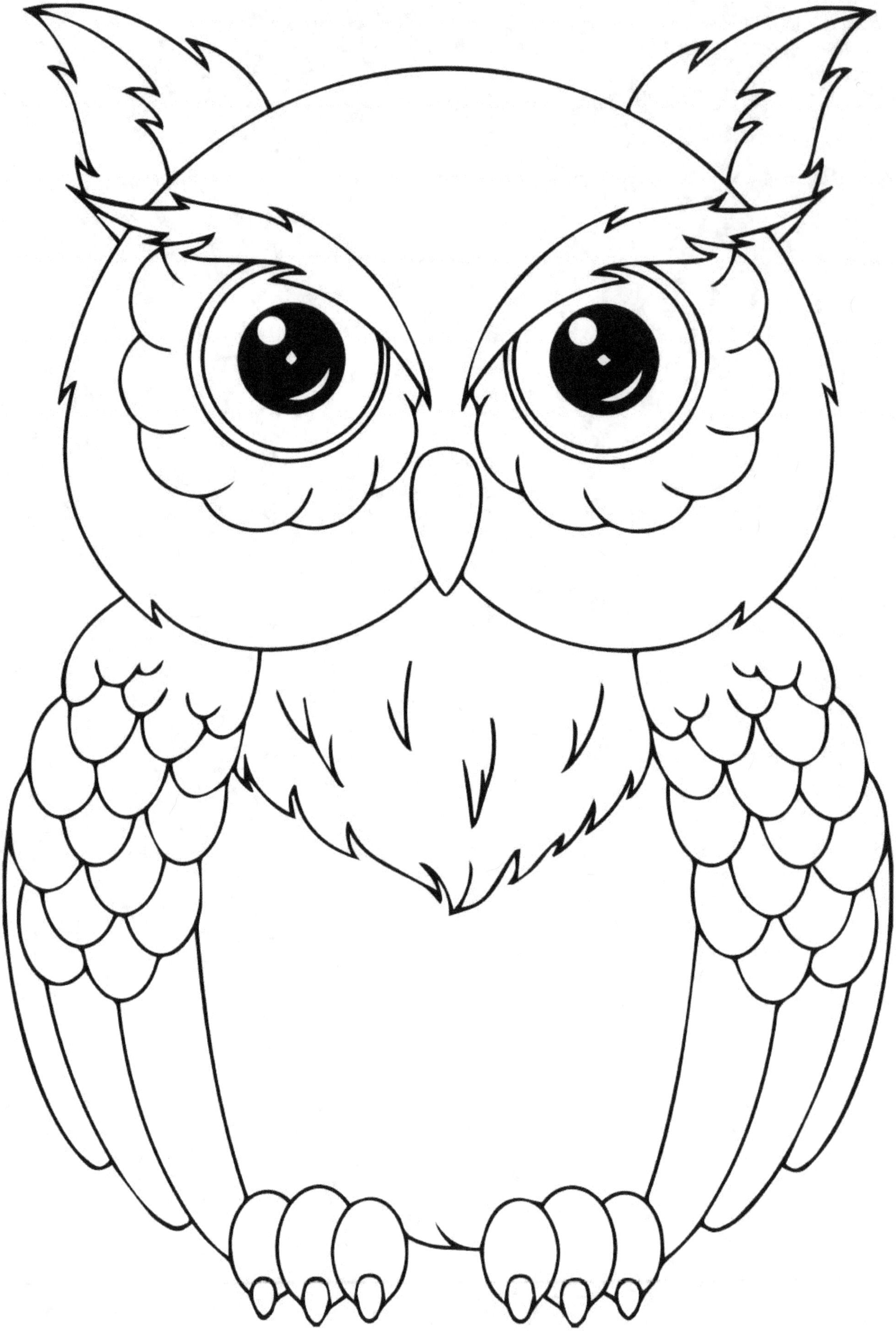

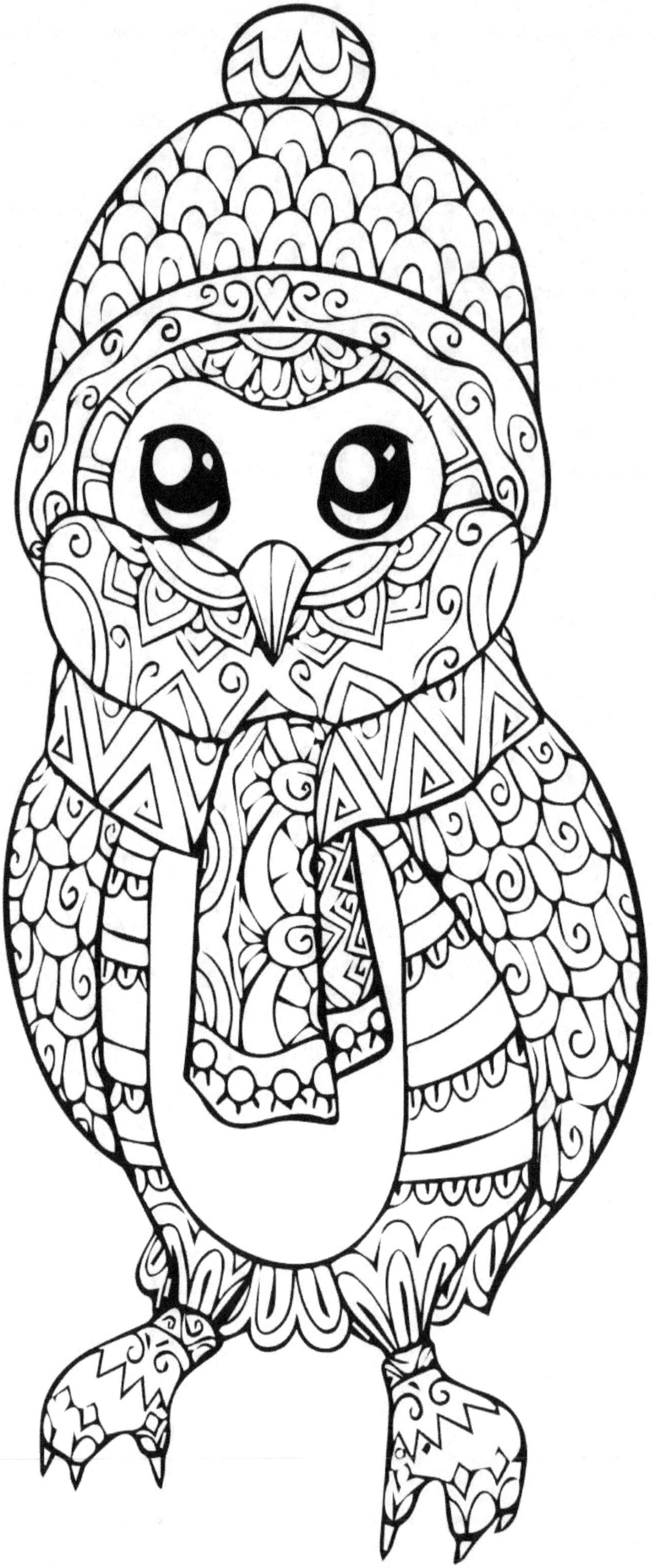

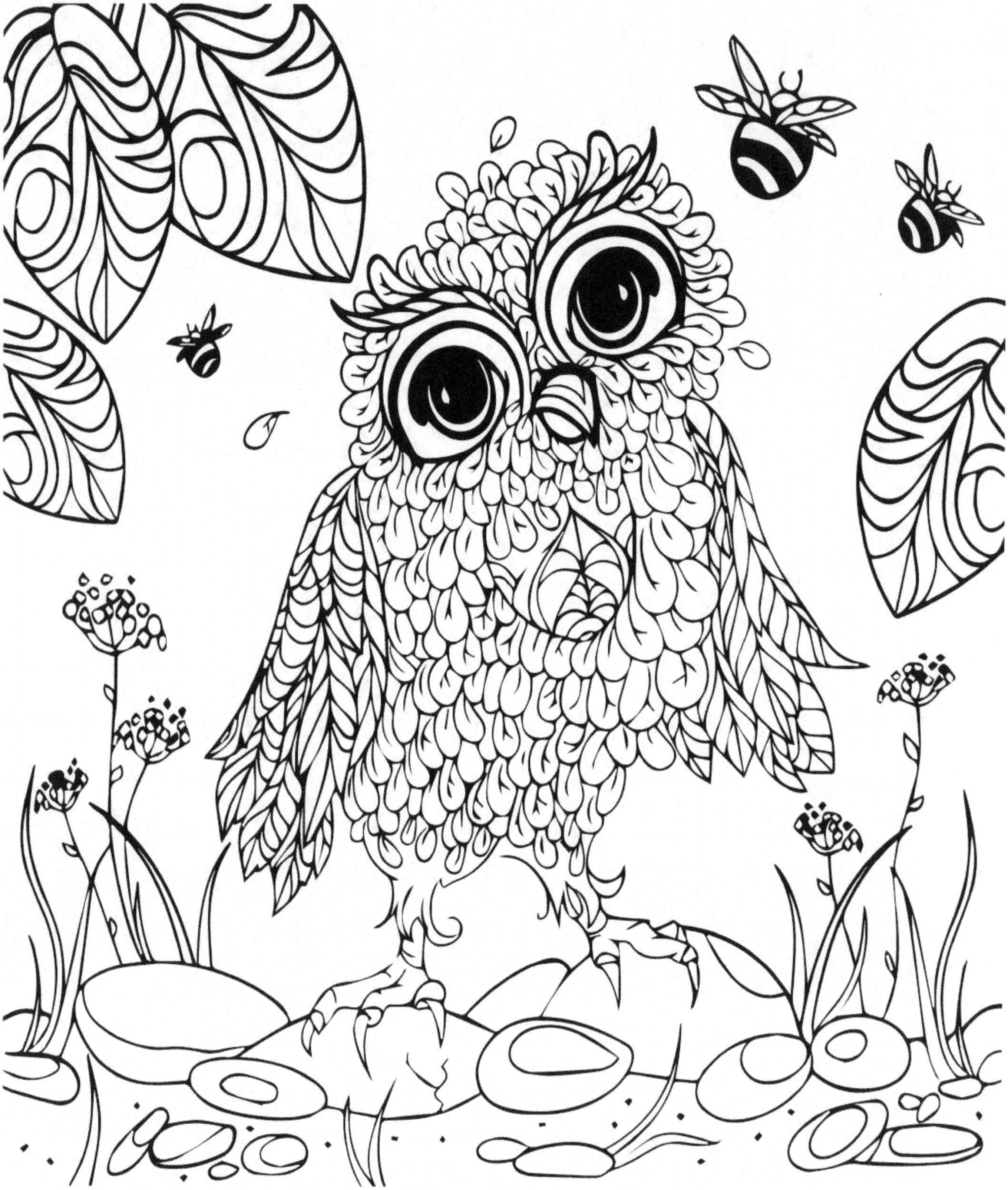

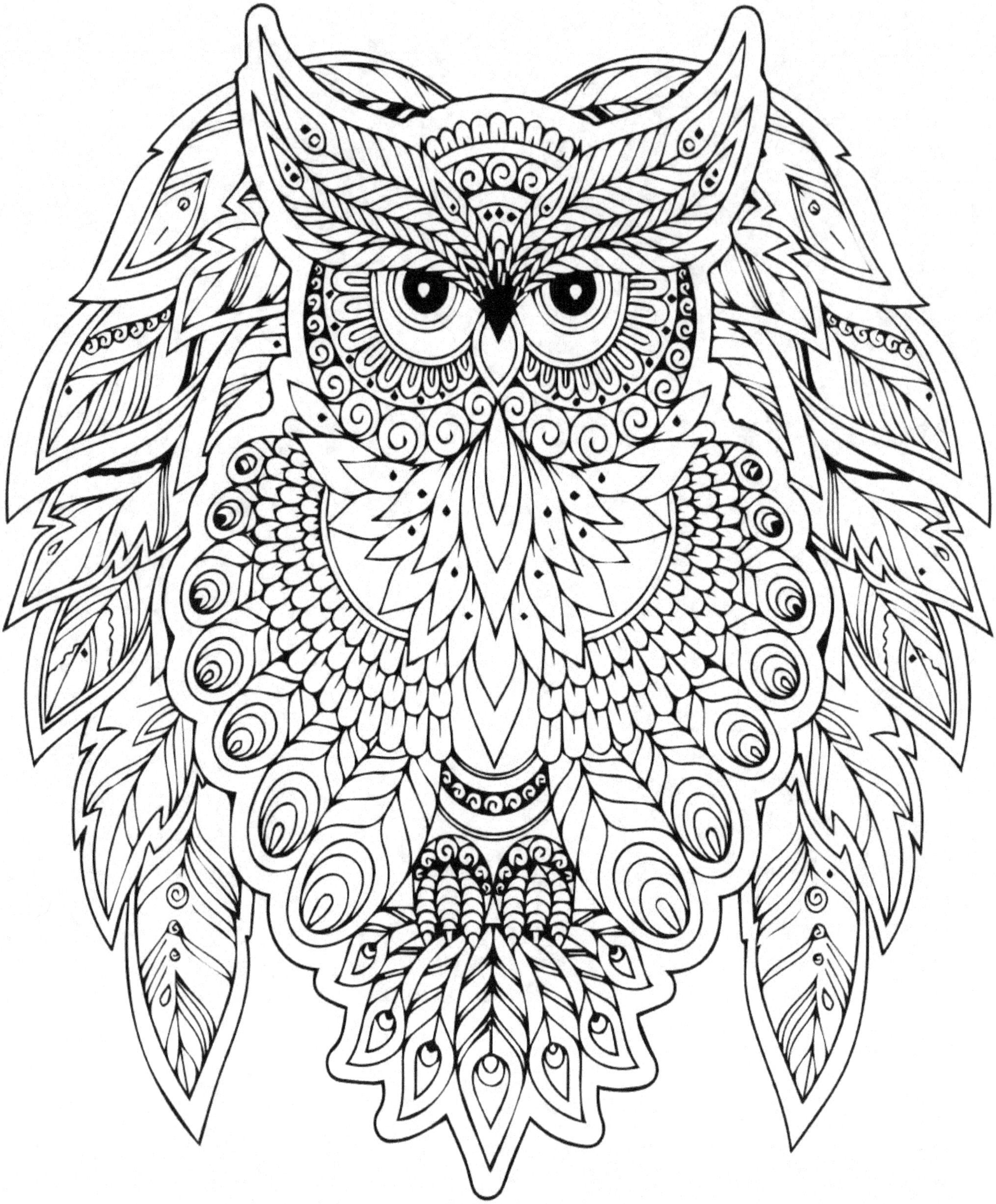

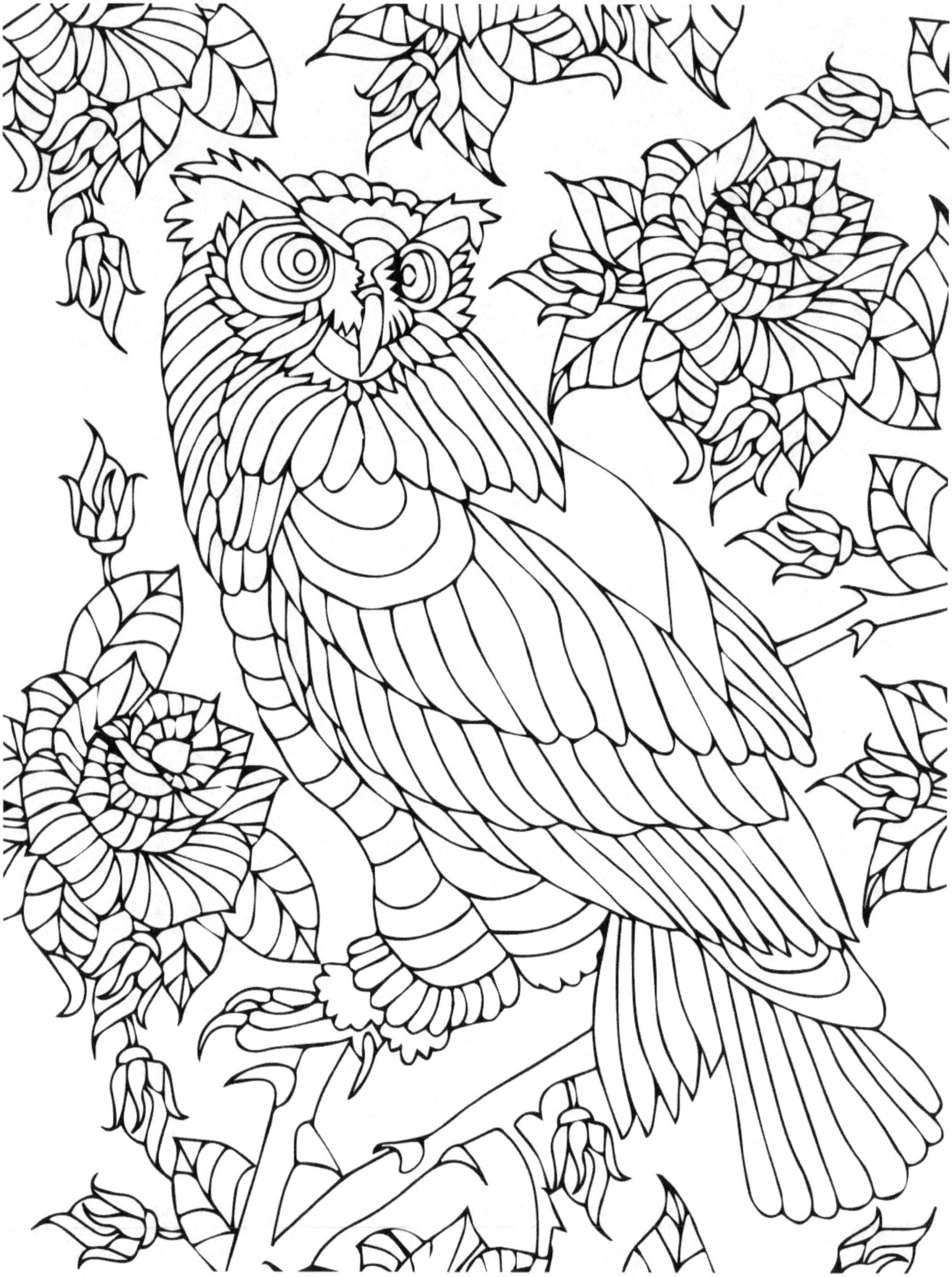

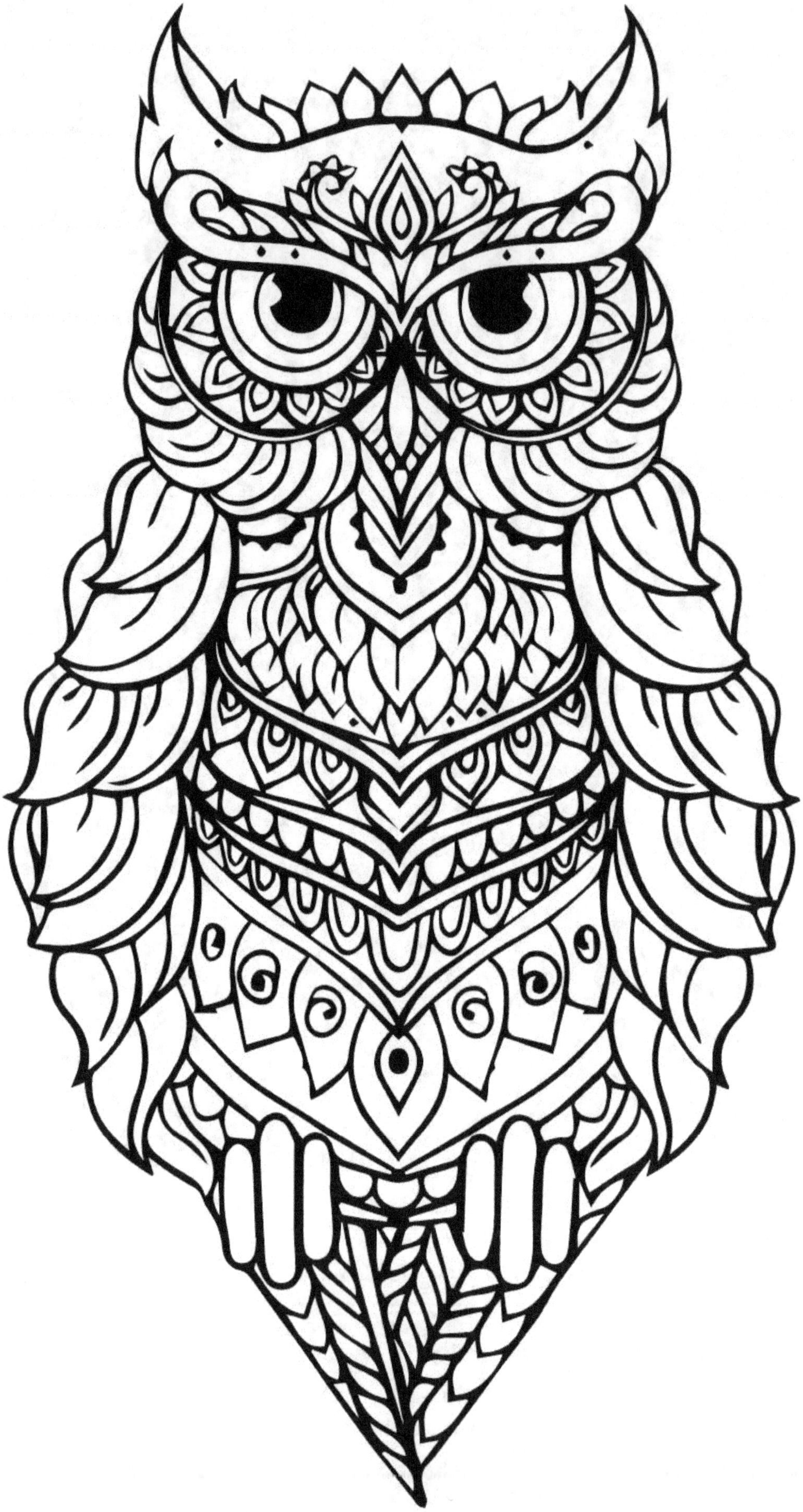

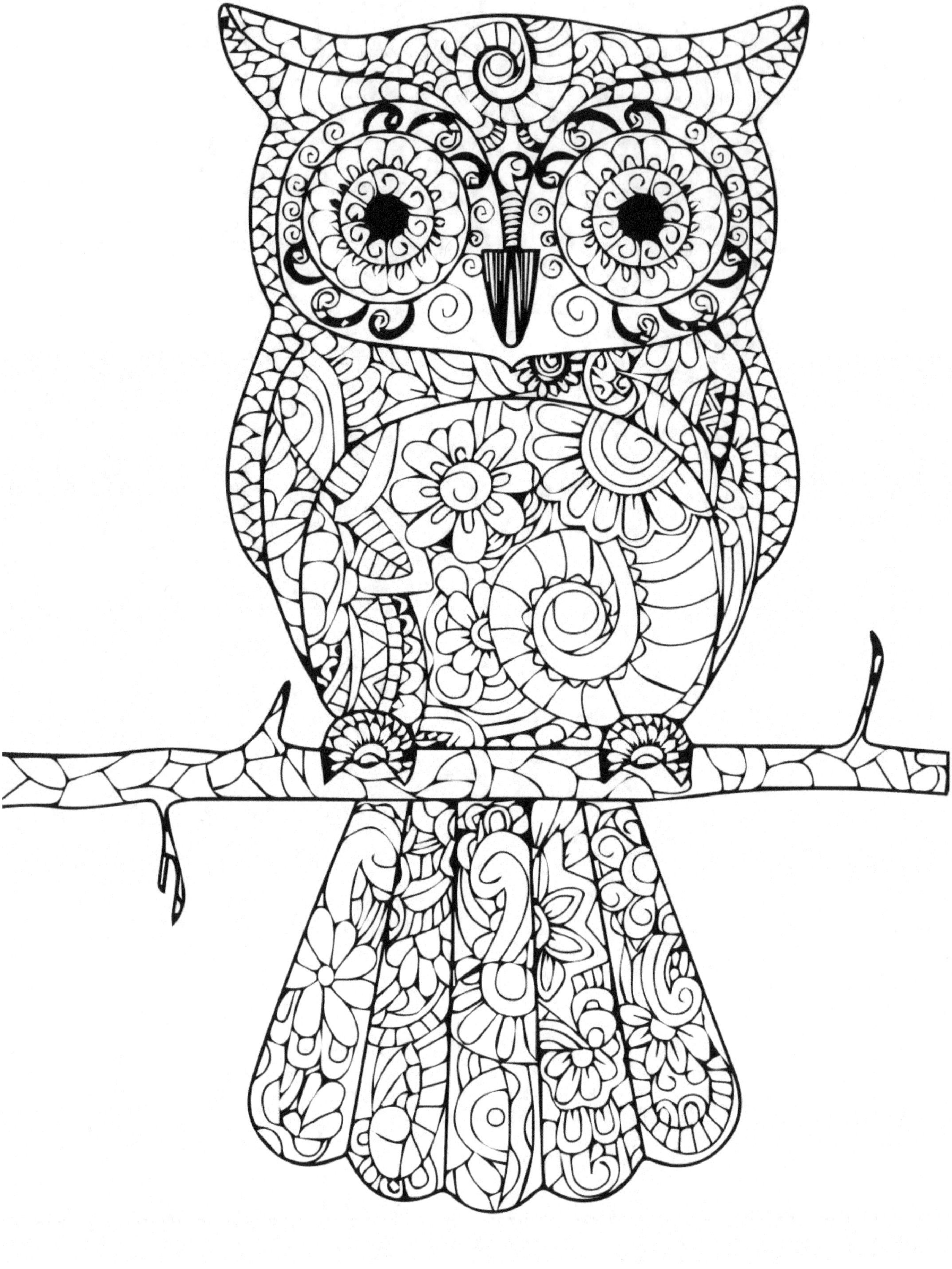

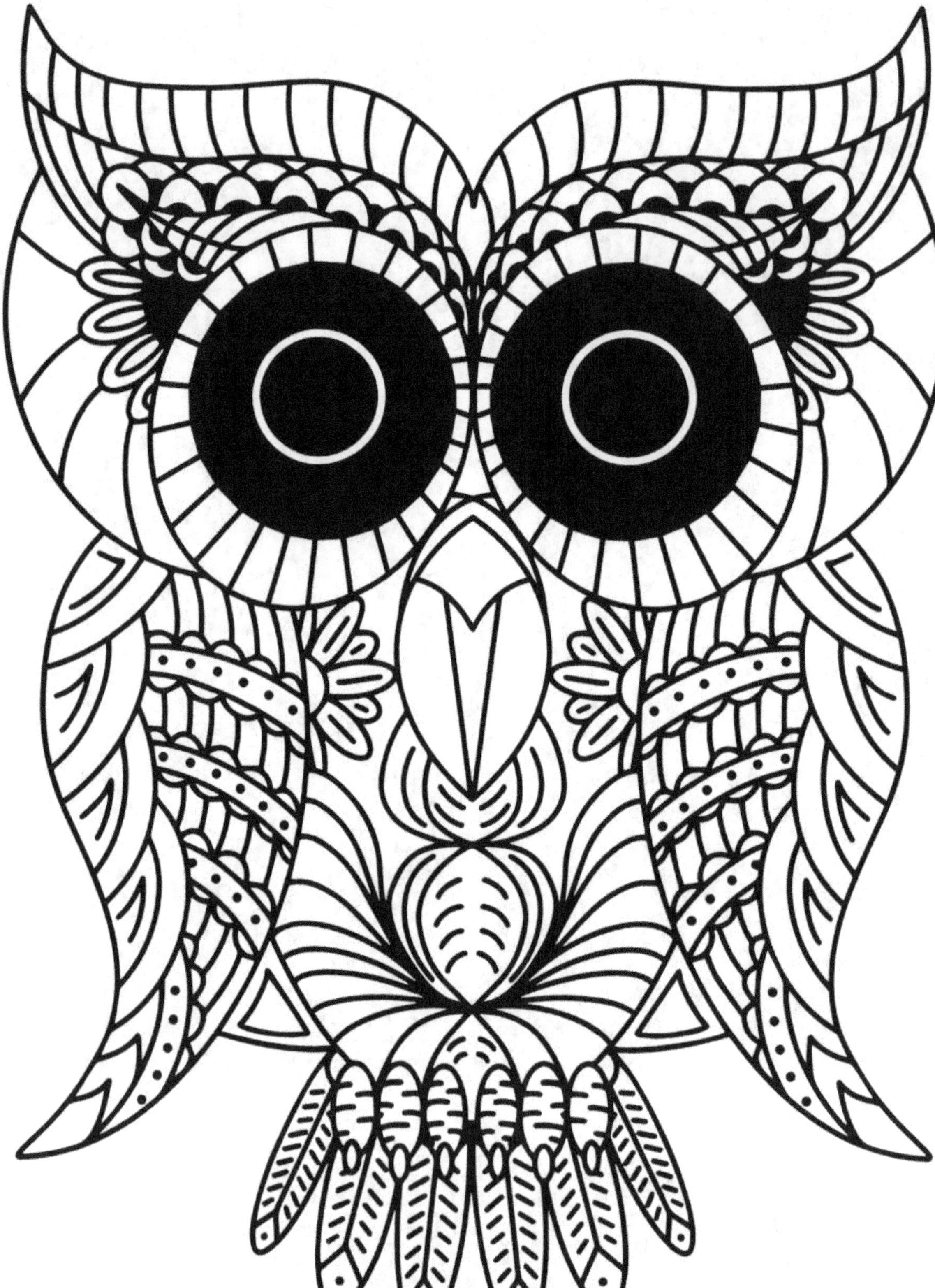

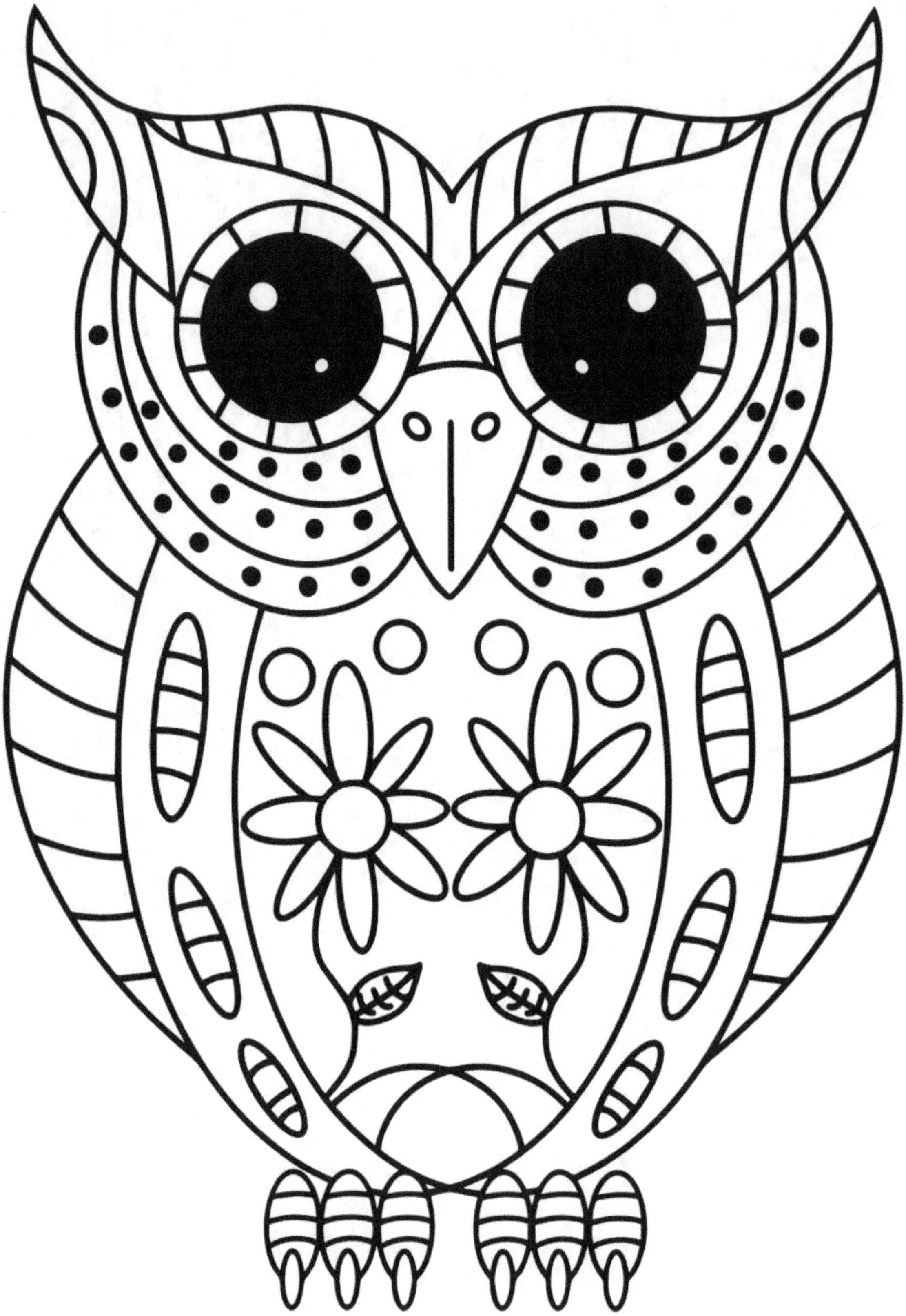

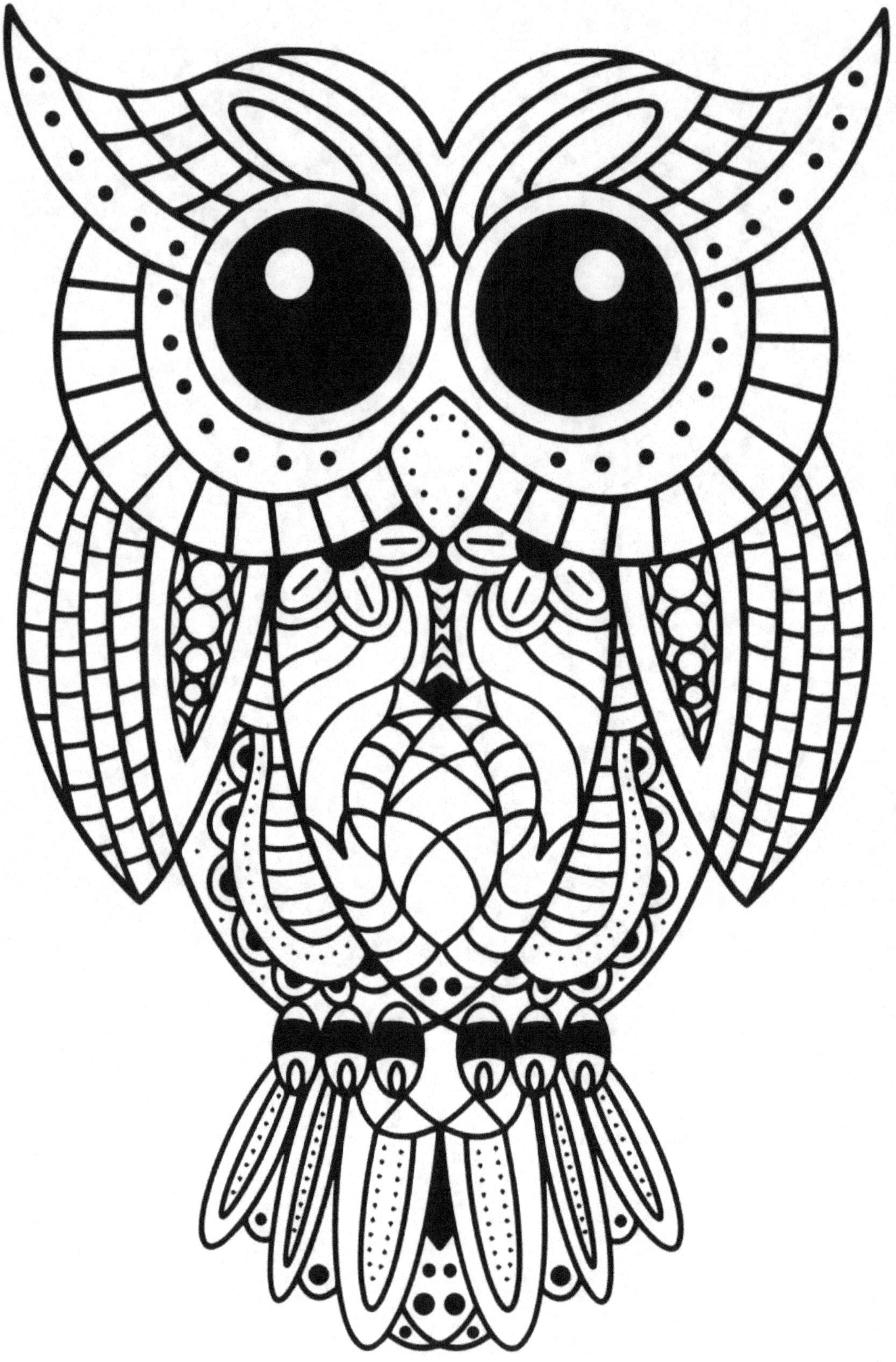

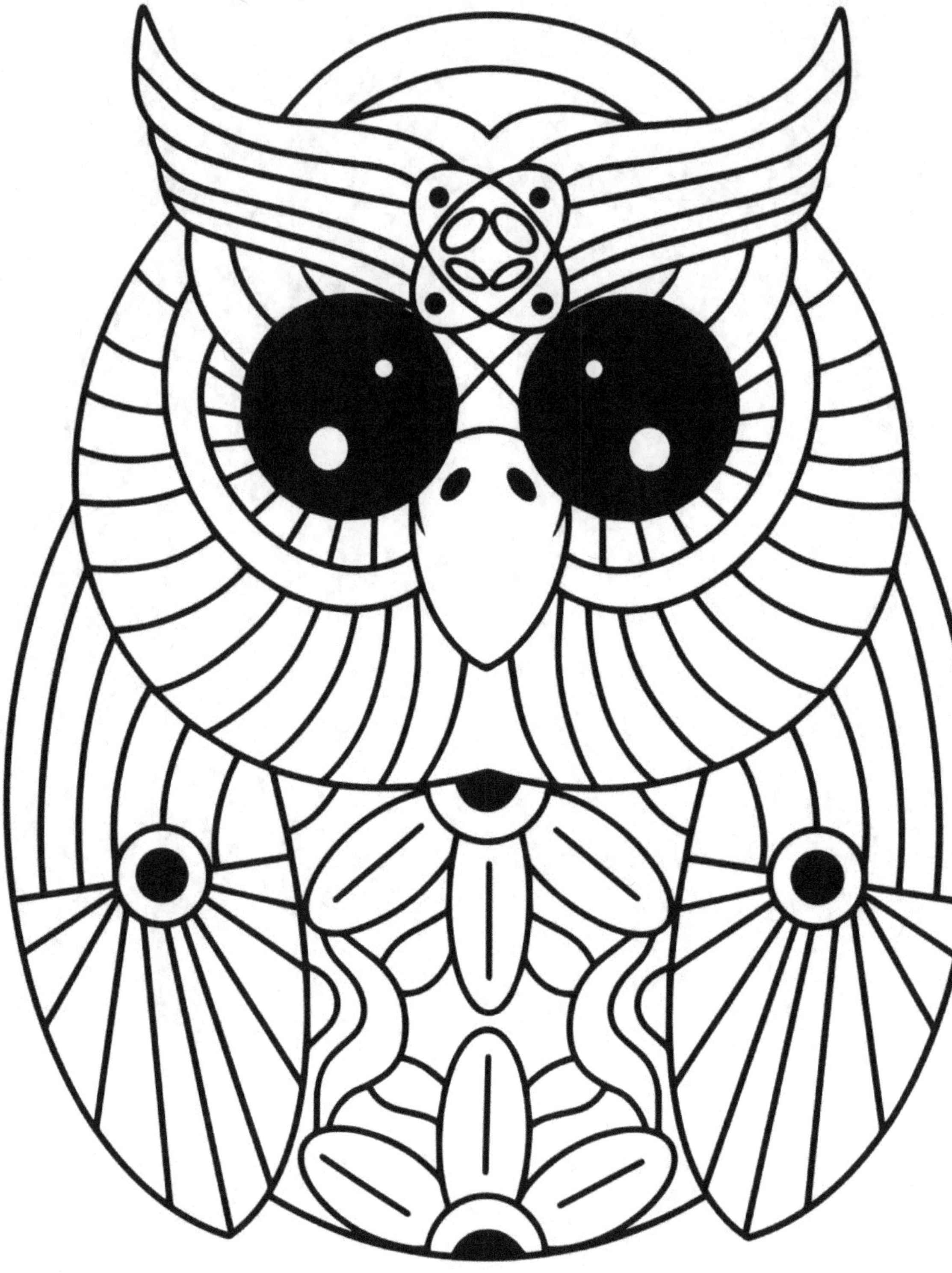

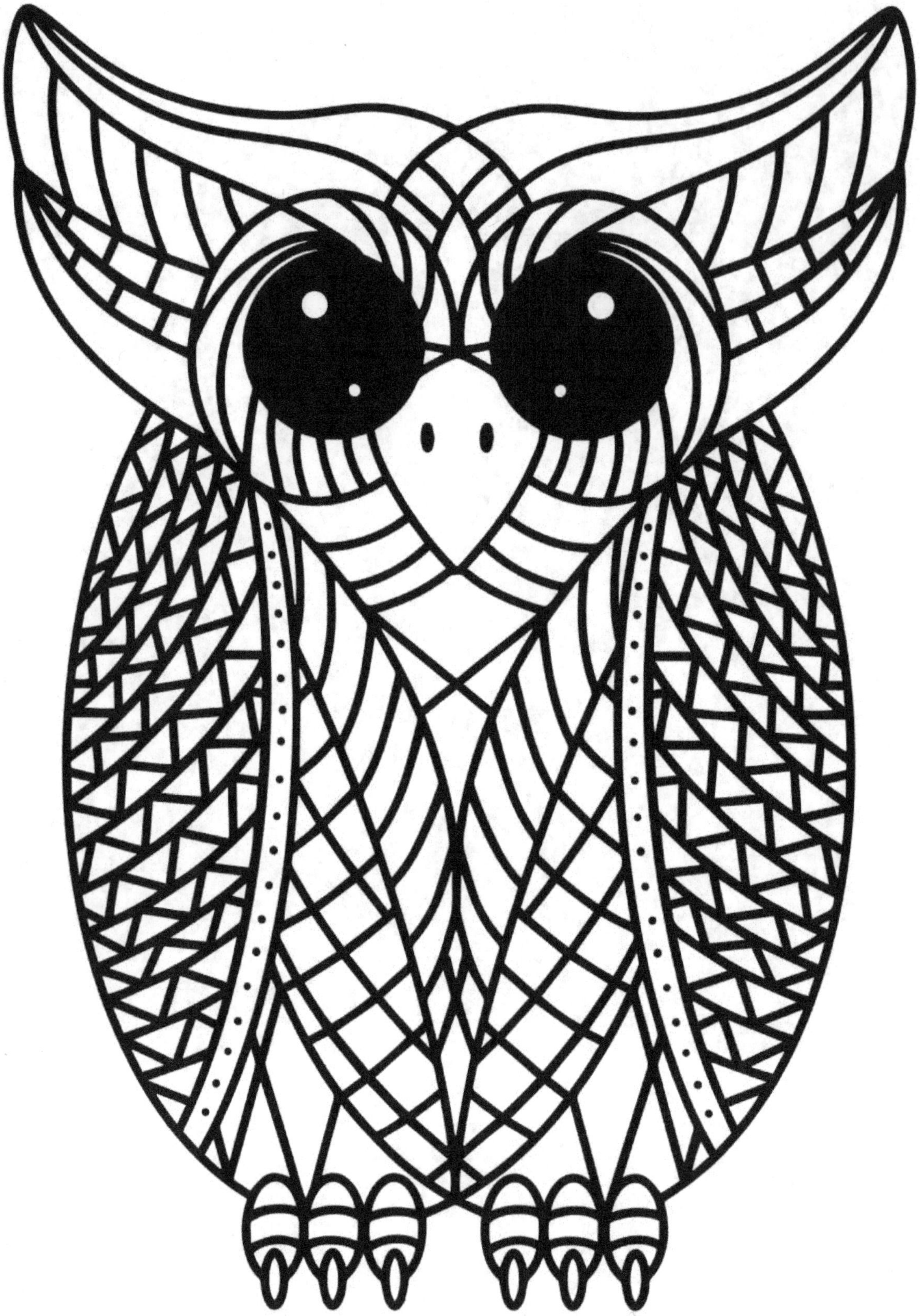

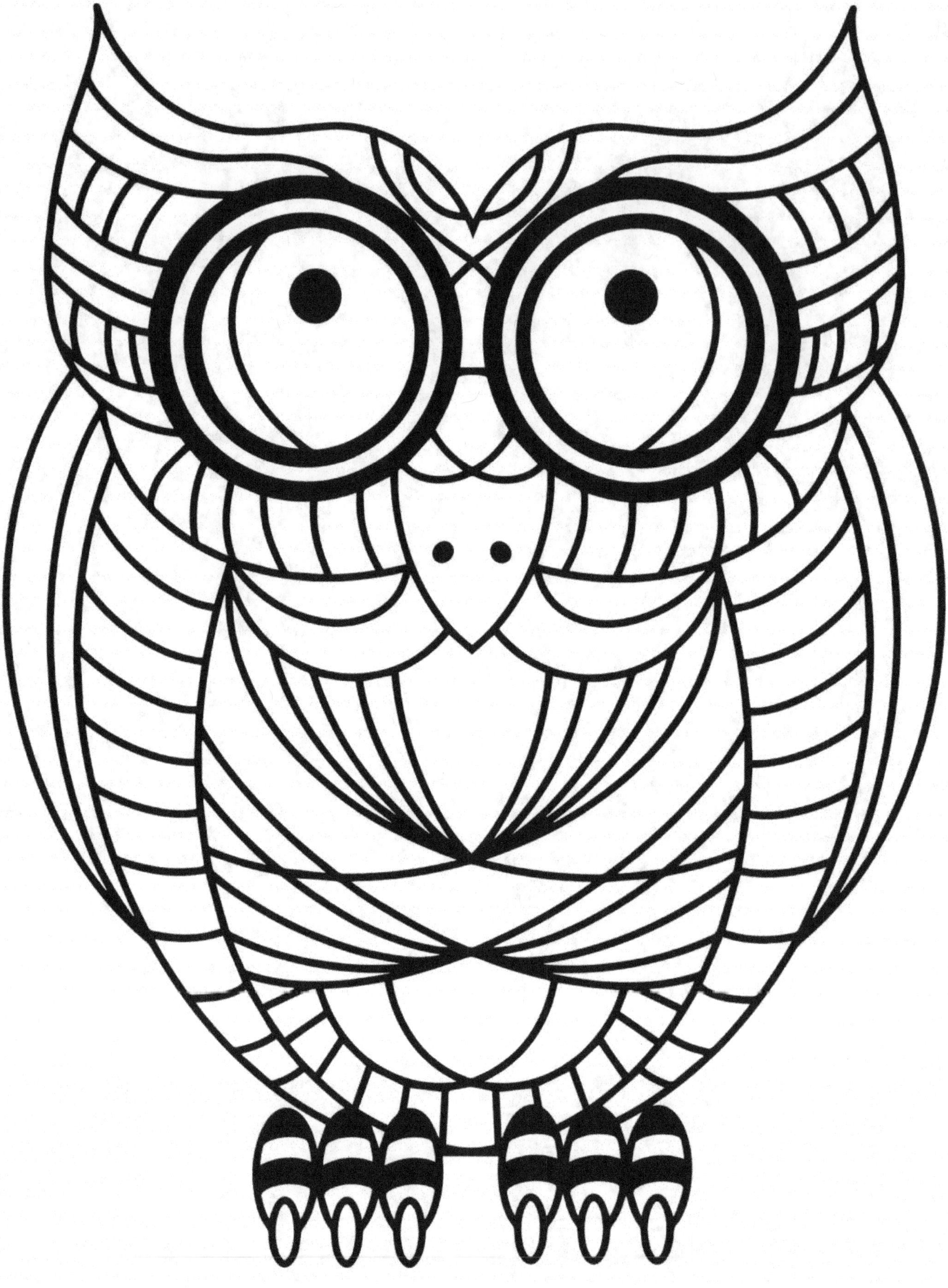

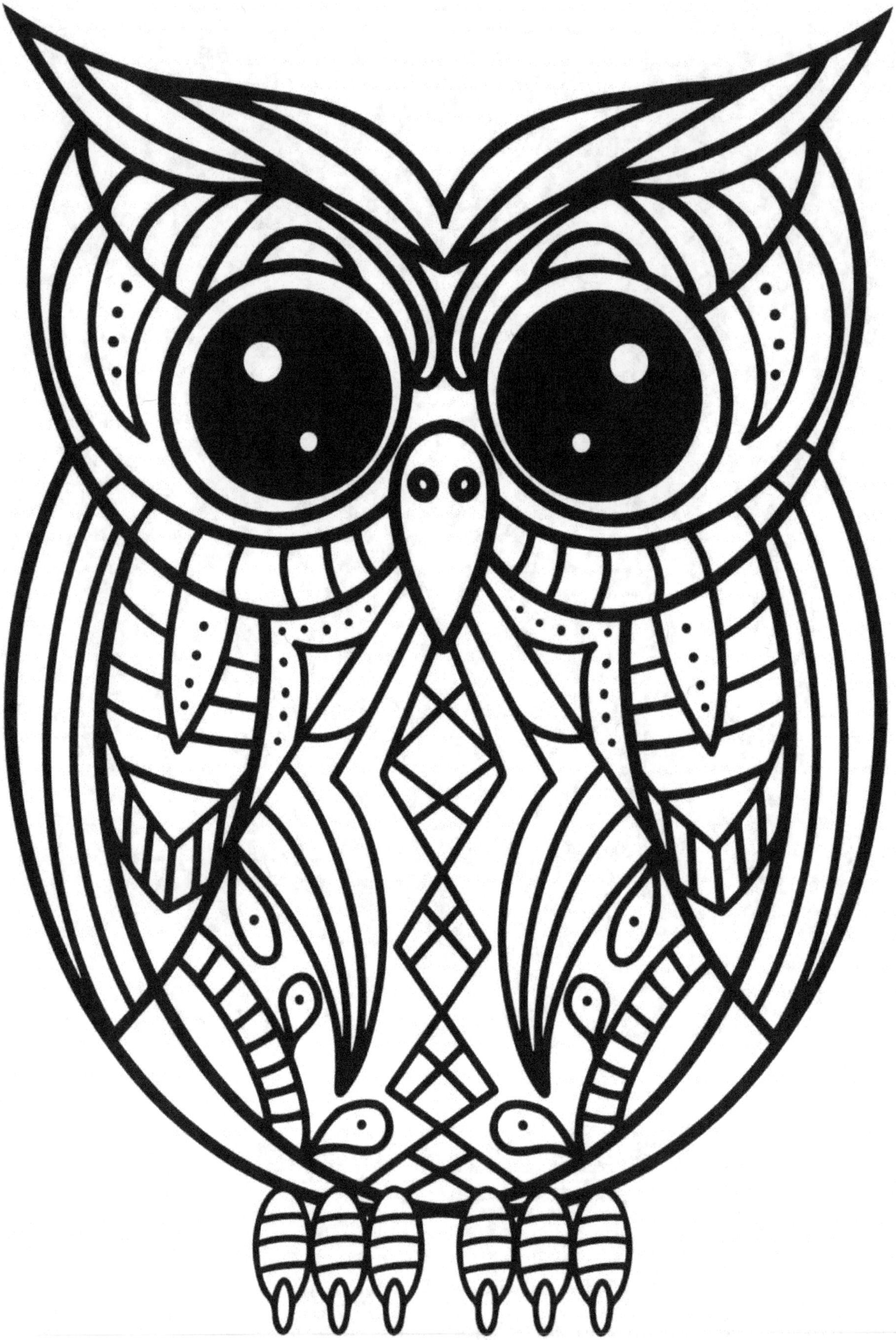

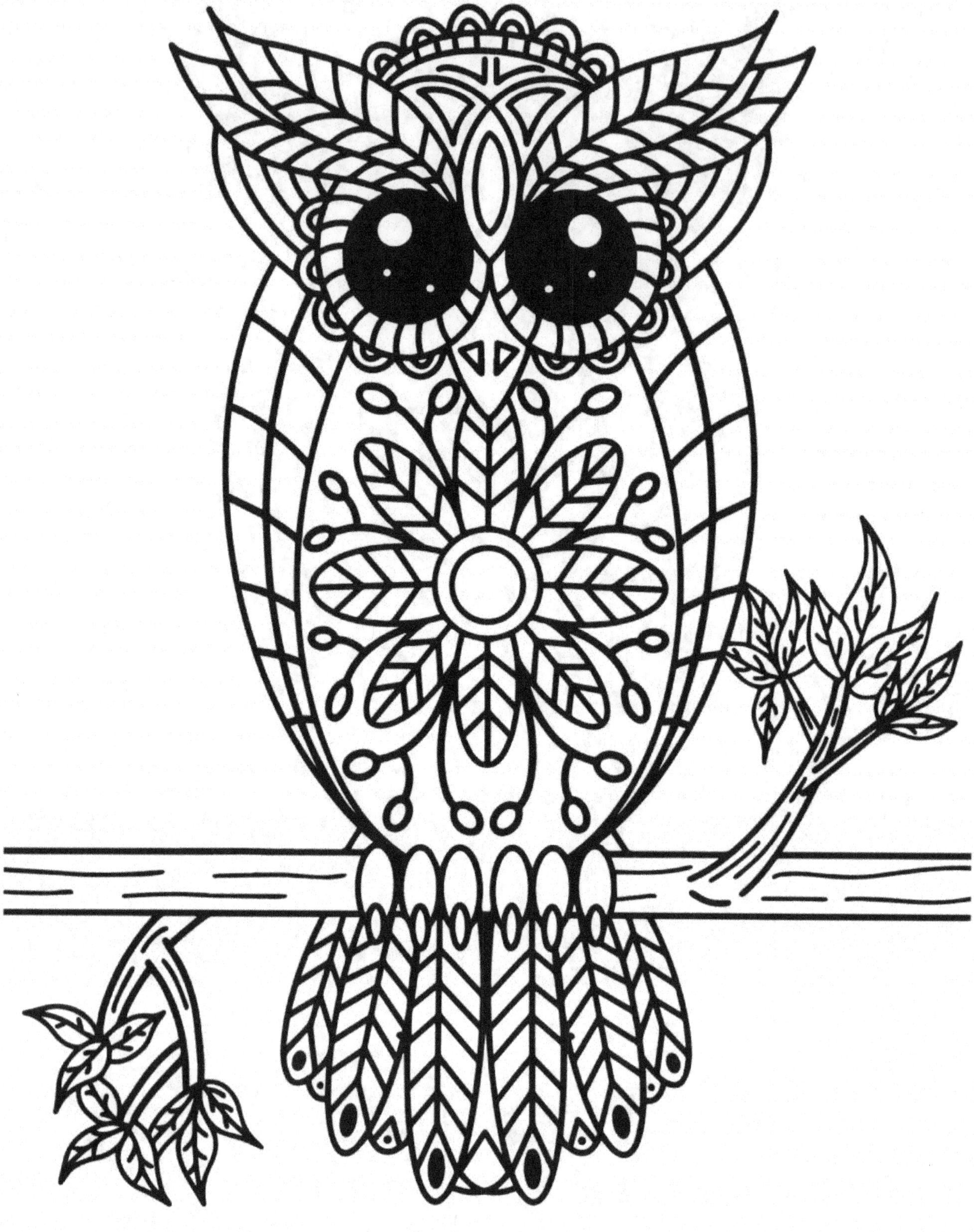

www.ingramcontent.com/pod-product-compliance
Lightning Source LLC
Chambersburg PA
CBHW081528240526
45465CB00030B/3275
* 9 7 9 8 6 5 6 3 6 5 7 3 4 *